Römertopf®

AUTORIN: IRA KÖNIG | FOTOGRAF: JÖRN RYNIO

Praxistipps

Extra

Rezepte

Clever kochen

Natürlich garen

Die einfache Handhabung und das Garen in einem natürlichen Material, dessen Eigenschaften man sich beim Kochen zunutze macht, lässt den Römertopf zu einer sympathischen Alternative zu herkömmlichen Töpfen, Brätern und Pfannen werden. Und wie funktioniert das? Die kleinen Poren des Tontopfes können Wasser speichern, welches sie beim Garvorgang wieder an das Gericht abgeben. Aus diesem Grund badet man den Topf vor Gebrauch in kaltem Wasser. Durch die gleichmäßige Wasserabgabe beim Garvorgang kann nichts austrocknen oder anbrennen und alles wird schön saftig und zart. Das ist von besonderem Vorteil, wenn man Fettarmes wie Fleisch, Geflügel oder Fisch zubereiten möchte, das beim offenen Zubereiten im Ofen oft trocken wird. Zusätzliche Flüssigkeit wird dann nur noch in geringen Mengen zugegeben. Die wertvolle Kochflüssigkeit schmeckt einfach köstlich. Ein absolut natürlicher, gesunder Genuss!

Besonders viel Geschmack

Durch die geringe Flüssigkeitsmenge, die benötigt wird, und durch das Garen im geschlossenen Topf entsteht ein besonders intensives Aroma. Der Geschmack der einzelnen Zutaten kann sich dabei voll entwickeln. Auch die längere Garzeit ist für die Geschmacksentwicklung nur von Vorteil. Besonders bei Eintöpfen, Aufläufen oder Gemüsegerichten können sich die einzelnen Aromen der verschiedenen Zutaten zu einem optimalen Gesamten verbinden. Aber auch der Eigengeschmack der einzelnen Lebensmittel kommt dabei besonders gut zur Geltung. Gesundes Zusatzplus: Es kann sparsamer gesalzen werden.

Übrigens: knusprige Krusten bei Aufläufen aus dem Römertopf sind auch kein Problem. Einfach den Deckel 10–15 Minuten vor Garzeitende abnehmen und offen fertig garen.

Inhaltsstoffe bleiben erhalten

Das Garen im Römertopf ist aus der gesunden und modernen Küche gar nicht wegzudenken. Denn diese Garmethode ist besonders nährstoffschonend. Alles schmort im eigenen Saft, die Vitamine und Mineralstoffe bleiben weitgehend erhalten. Und der Clou: Das Gemüse zerkocht nicht und behält seine Farbe. Deshalb lohnt es sich, auch öfter mal ein Gemüsegericht direkt aus dem Tontopf zu zaubern.

Einfach und entspannt genießen

Gut für die Figur Das Garen im Römertopf spart Fett und verhindert trotzdem das Austrocknen des Garguts. Sie können sogar ganz ohne Fett im Römertopf garen. Allerdings sollten Sie nicht ganz darauf verzichten. Denn Fett ist ein Geschmacksträger und schon eine kleine Menge gibt den Speisen einen vollmundigen Geschmack. Zudem machen z. B. Öle die fettlöslichen Vitamine erst für den Körper verwertbar und liefern wertvolle Fettsäuren.

Einfach & schnell Hier werden keine komplizierten Kochtechniken gefordert. Auch Anfänger werden beim Kochen mit dem Römertopf schnell Erfolge feiern können. Bei den meisten Rezepten ist die Vorbereitung ganz einfach: die Zutaten klein schneiden, würzen und ab in den Römertopf.

Sauber & praktisch Hier können alle putzmüden Köche aufatmen. Mit dem Römertopf kann nichts anbrennen oder überkochen. Keine Fettspritzer und hartnäckige Verkrustungen – Herd und Ofen bleiben sauber. Servieren Sie das Essen gleich im Römertopf, so können Sie auf zusätzliche Schüsseln, Platten etc. verzichten.

Kleine Gebrauchsanweisung

Mit dem Römertopf zu kochen ist wirklich leicht – nur wenige Dinge sind dabei zu beachten. Das ist perfekt – besonders für ungeübte Köche.

Ausreichend wässern

Ihr Römertopf sollte vor jedem Gebrauch mindestens 10 Minuten gewässert werden. Dazu stellen Sie die beiden Teile ineinander und bedecken sie mit kaltem Wasser.

Vor dem ersten Gebrauch sollte der Topf ruhig etwas länger im Wasser liegen. Dann die Oberflächen mit einer weichen Bürste vorsichtig abreiben. So verschwindet der von der Fabrikation anhaftende Tonstaub. Durch das Wasserbad saugen sich die Poren des Tons voll Wasser, welches sie beim Garen wieder abgeben. Bei sehr langen Garzeiten sollten Sie den Topf bis zu 1 Stunde wässern, so können Sie sicher sein, dass die Poren bis zum Schluss Wasser an das Gargut abgeben. So bleiben die Speisen saftig und zart.

Nur in den kalten Ofen

Ihr Römertopf mag keine Temperaturschocks. Das heißt, den fertig befüllten Topf immer nur in den kalten Backofen stellen. Wenn Sie den Topf sofort den erforderlichen hohen Temperaturen aussetzen würden, könnte der Ton springen. Die optimale Temperatur bei Elektroherden ist 220°. Stellen Sie ihn auch nie auf die heiße Herdplatte oder direkt auf eine offene Flamme. Bei Gasherden immer zuerst auf die niedrige Stufe 1–2 schalten, dann nach ca. 5 Minuten stufenweise alle 5 Minuten bis hin zur angegebenen Temperatur höherstellen. Je nach Höhe des Topfes stellt man ihn auf die untere Einschubleiste des Backofens.

Garzeiten & Garen

Bei den Garzeiten im Römertopf rechnet man ca. 20 Minuten länger als bei herkömmlichen Garmethoden. Diese Zeit, die durchschnittlich zum Aufheizen des Ofens benötigt wird, spart man schnell wieder ein, da beim Kochen mit dem Römertopf oft auf das separate Anbraten von Zutaten verzichtet werden kann.

Herde haben oft sehr unterschiedliche Aufheizzeiten. Die Garzeiten können somit von Herd zu Herd variieren. Prüfen Sie, ob die Gerichte in der angegebenen Zeit gar werden. Dann können Sie sich auf längere oder kürzere Garzeiten einstellen. Oder verwenden Sie eventuell ein zusätzliches Backofenthermometer, um sicher zu gehen. Während des Garens sollte keine kalte Flüssigkeit zugegeben werden, damit der Topf nicht zerspringt. Deshalb Brühe, Wasser etc. immer anwärmen, bevor man sie in den Topf gießt.

Sie können Ihren Römertopf auch in die Mikrowelle stellen. Überprüfen Sie dabei zu Anfang in regelmäßigen zeitlichen Abständen den Garzustand der Speisen. So bekommen Sie ein Gefühl für die verkürzten Garzeiten.

Römertopf wässern

Perfekt servieren

Sanft reinigen

Servieren

Auch wenn die liebe Familie mal wieder trödelt: Sie bleiben cool und das Essen schön heiß! Denn den Römertopf können Sie aus dem Backofen direkt auf Ihren Esstisch stellen. Nehmen Sie dazu ausreichend große und dicke Topflappen oder Topfhandschuhe – der Topf ist wirklich sehr heiß! Wenn Sie ihn auf den Tisch stellen, sollten Sie darauf achten, dass Sie eine geeignete Unterlage verwenden, z. B. ein gefaltetes Handtuch, Holz- oder Korkuntersetzer oder ein Kuchengitter. Stellen Sie den heißen Topf nie auf die kalte Tischplatte, denn er kann schnell springen.

Sanft reinigen

Reinigen Sie den Römertopf nach Gebrauch nur mit warmem Wasser, einer weichen Bürste oder einem Schwamm und evtl. einigen Tropfen Spülmittel. Bei stärkeren Verkrustungen den Topf länger einweichen. Während des Gebrauchs können dunkle Stellen entstehen. Diese sogenannte Patina ist typisch, ganz normal und gewollt. Sie beeinträchtigt auch nicht den Geschmack der Gerichte. Auch wenn er recht robust wirkt: Der Topf sollte nicht mit aggressiven Scheuermitteln und Metallbürsten bearbeitet werden. Das verstopft die Poren, und der Topf wird auf lange Sicht unbrauchbar.

Trocken aufbewahren

Wenn Sie den Römertopf längere Zeit nicht benutzen wollen, Teile sorgfältig säubern und vollständig durchtrocknen lassen. Erst dann Unterteil und Deckel ineinanderstellen und an einem luftigen Ort aufbewahren. Topf nicht in luftundurchlässiger Folie oder Ähnliches wickeln. Um die Poren nach einer längeren Zeit des Gebrauchs wieder frei und speicherfähig zu machen, Römertopf ab und zu mit Essigwasser füllen und in den kalten Backofen stellen. Bei 200° ca. 30 Minuten kochen lassen.

Gemüse

Neuigkeiten für alle Gemüsefans! Um das knackige Grün lecker, gesund und schonend zuzubereiten, müssen Sie nicht unter die Rohköstler gehen – durch das schonende Dunstgaren im Römertopf bleiben Vitamine, Mineralstoffe und der volle Gemüsegeschmack erhalten.

Ratatouille-Topf

1 Aubergine (ca. 300 g)
1 Zucchino (ca. 200 g)
600 g Paprikaschoten (rot und gelb)
250 g Kirschtomaten
1 mittelgroße Gemüsezwiebel
1 Knoblauchzehe
2 EL Paprikamark (Tube)
5 EL Olivenöl
Salz | Pfeffer
1 TL Fenchelsamen
400 g ausgelöster Lammrücken (Lammlachse)

Für 4 Personen
◍ 25 Min. Zubereitung | 75 Min. Garen
Pro Portion ca. 310 kcal, 24 g EW, 17 F, 12 g KH

1 Römertopf wässern. Aubergine putzen, waschen und in Würfel schneiden. Zucchino putzen, waschen, längs halbieren und die Hälften in dicke Scheiben schneiden. Paprika halbieren, putzen, waschen und in kleine Stücke schneiden. Tomaten waschen und halbieren. Gemüsezwiebel schälen und grob würfeln. Knoblauchzehe schälen und fein hacken.

2 Paprikamark, Öl, 1 TL Salz, Pfeffer, Fenchelsamen und 100 ml Wasser verrühren. Lammfleisch in Würfel schneiden. Gemüse, Zwiebel, Knoblauch und Fleischwürfel abwechselnd in den Römertopf schichten und mit der Würzflüssigkeit übergießen. Zugedeckt bei 220° (Umluft 200°) 75 Min. garen. Nach 50 Min. einmal umrühren. Zugedeckt fertig garen. Dazu schmeckt Baguette oder Reis.

AUSTAUSCH-TIPP
Vegetarier geben statt Fleisch zerbröckelten Schafkäse oder gebratene Tofuwürfel über das fertige Gericht.

deftig | kalorienarm

Gemüsetopf mit Grießklößchen

Hier gibt es was zum Löffeln: Dieser herzhafte Eintopf schmeckt nicht nur an kalten Tagen, sondern das ganze Jahr hindurch – Lassen Sie sich überraschen!

1 mittelgroße Stange Lauch

300 g Möhren

2 Stangen Staudensellerie

500 g Wirsing

1 Zwiebel

4 Gewürznelken

4 Hähnchenunterkeulen (ca. 400 g)

2 Lorbeerblätter

Salz | Pfeffer

4 EL Öl

20 g Parmesan

2 Zweige oder ½ TL getrockneter Thymian

⅛ l Milch

1 TL Butter

40 g Grieß

1 Eigelb

Für 4 Personen

◎ 40 Min. Zubereitung | 80 Min. Garen

Pro Portion ca. 420 kcal, 28 g EW, 27 F, 15 g KH

1 Römertopf wässern. Lauch putzen, waschen und in Ringe schneiden. Möhren putzen, schälen und schräg in Scheiben schneiden. Staudensellerie putzen, waschen und in Scheiben schneiden. Wirsing putzen, den Strunk entfernen und den Kohl in Streifen schneiden.

2 Zwiebel schälen, quer halbieren und die Schnittflächen mit Gewürznelken spicken. Die Hähnchenkeulen waschen und trocken tupfen.

3 Keulen auf den Römertopfboden legen. Vorbereitetes Gemüse, Zwiebel und Lorbeerblätter einschichten, dabei kräftig mit Salz und Pfeffer würzen. ¾ l Wasser zugießen und alles mit Öl beträufeln. Zugedeckt bei 220° (Umluft 200°) 80 Min. garen. Nach 45 Min. einmal umrühren.

4 Inzwischen Parmesan reiben, Thymian waschen, trocken tupfen, abzupfen und fein hacken. Milch und Butter aufkochen. Grieß einrühren und mit Salz würzen. Herdplatte ausschalten und den Grießbrei 1 Min. unter Rühren auf der Platte quellen lassen. Parmesan, Thymian und Eigelb zügig unter den heißen Teigkloß rühren.

5 Aus der Grießmasse mit zwei angefeuchteten Teelöffeln 12 Klößchen formen und 5–6 Min. in siedendem Salzwasser garen. Herausheben, abtropfen lassen. Eintopf aus dem Ofen nehmen und mit Salz und Pfeffer abschmecken. Eintopf mit den Klößchen und Hähnchenkeulen anrichten. Dazu schmeckt Roggenbrot.

FLEISCH-TIPP

Statt Grießklößchen schmecken auch Mettklößchen lecker im Eintopf. Dazu aus 250 g gewürztem Mett kleine Klößchen formen. Nach 1 Std. in den Eintopf geben, untermischen und mitgaren.

GEMÜSE

ganz einfach | mögen Kinder

Tiroler Ofen-Makkaroni

100 g Südtiroler Schinkenspeck
(in dünnen Scheiben)
150 g Bergkäse
1 Bund Frühlingszwiebeln
50 g Butter
50 g Mehl
500 ml Gemüsebrühe
600 ml Milch
1 TL getrockneter Thymian
Salz | Pfeffer
500 g kleine Hörnchennudeln

Für 4 Personen
◎ 20 Min. Zubereitung | 70 Min. Garen
Pro Portion ca. 890 kcal, 39 g EW, 31 F, 106 g KH

1 Römertopf wässern. Schinkenscheiben überei-
nanderlegen und quer in dünne Streifen schneiden.
Käse grob reiben. Frühlingszwiebeln putzen, waschen und in Ringe schneiden.

2 Butter in einem Topf schmelzen. Mehl mit einem
Schneebesen einrühren und nach und nach unter
Rühren Brühe und Milch zugießen. Thymian zugeben und die Sauce unter Rühren aufkochen. Ca.
5 Min. bei mittlerer Hitze köcheln lassen, dabei
regelmäßig umrühren. Geriebenen Käse einrühren
und in der heißen Sauce schmelzen lassen. Sauce
mit Salz und Pfeffer kräftig abschmecken.

3 Schinken, Frühlingszwiebeln und Nudeln in den
Römertopf geben. Käsesauce darübergießen und
alles gründlich vermengen. Zugedeckt bei 220°
(Umluft 200°) 70 Min. garen. Nach 1 Std. Deckel
abnehmen und fertig garen.

fruchtig-pikant

Kartoffel-Bohnentopf

1 großes Bund Suppengrün (ca. 500 g)
750 g vorwiegend festkochende Kartoffeln
1 großer rotschaliger Apfel (z. B. Elstar)
1 Knoblauchzehe
1 TL getrockneter Majoran
2 Lorbeerblätter
Salz | Pfeffer
500 ml kräftige Gemüsebrühe
⅛ l Apfelsaft
4–5 EL Öl (z. B. Rapsöl)
1 Dose weiße Riesenbohnen
(400 g Füllgewicht)

Für 4 Personen
◎ 30 Min. Zubereitung | 80 Min. Garen
Pro Portion ca. 370 kcal, 10 g EW, 14 F, 49 g KH

1 Römertopf wässern. Suppengrün putzen, bzw.
schälen, waschen und klein schneiden. Kartoffeln
schälen, waschen und je nach Größe halbieren
oder vierteln und in Scheiben schneiden. Apfel
waschen, vierteln und entkernen. Viertel längs halbieren und in Scheiben schneiden. Knoblauch
schälen, fein hacken.

2 Kartoffeln, Suppengrün und Apfel in den Römertopf schichten. Dabei Majoran, Lorbeerblätter und
Knoblauch zwischen den Schichten verteilen. Kräftig salzen und pfeffern. Brühe und Apfelsaft mischen, über die Zutaten gießen. Mit Öl beträufeln.

3 Zugedeckt bei 220° (Umluft 200°) 80 Min.
garen. Bohnen abgießen, abspülen, abtropfen lassen und 10 Min. vor Garzeitende unterheben. Eintopf fertig garen, mit Salz und Pfeffer abschmecken.

oben: Kartoffel-Bohnentopf | unten: Tiroler Ofen-Makkaroni

für Gäste | ohne Fleisch

Gefüllte Paprikaschoten

Ein gästefeines Essen ohne Fleisch, das geht nicht, meinen Sie? Gegen diese Vorurteile hilft nur eins – probieren, probieren, probieren! Am besten diese vegetarische Leckerei mit einer herzhaften Käse-Lauch-Füllung.

1 mittelgroße Stange Lauch
4 große rote Paprikaschoten
250 g Speisequark (20%)
200 g Sahneschmelzkäse
2 Eier (Größe M)
abgeriebene Schale von ½ Bio-Zitrone
Salz | Pfeffer
100 ml Gemüsebrühe
150 g Sahne
1 TL Speisestärke
1 EL Tomatenmark
Zucker
4 Stiele glatte Petersilie

Für 4 Personen
◎ 30 Min. Zubereitung | 1 Std. Garen
Pro Portion ca. 430 kcal, 20 g EW, 32 F, 14 g KH

1 Römertopf wässern. Von der Lauchstange ⅔ des dunklen Grüns abschneiden. Lauch waschen und quer halbieren. Stücke längs halbieren und in feine Ringe schneiden. Von den Paprikaschoten oben einen Deckel abschneiden. Aus den Schoten die Trennwände und Kerne herausschneiden. Deckel und Schoten waschen.

2 Speisequark, Sahneschmelzkäse, Eier und abgeriebene Zitronenschale in eine Schüssel geben und mit dem Schneebesen glatt verrühren. Die Masse

kräftig mit Salz und Pfeffer würzen, Lauchringe unterrühren. Abschmecken.

3 Paprika in den Römertopf setzen und die Käse-Lauch-Masse darin verteilen. Brühe angießen, Deckel auf die gefüllten Schoten setzen und alles zugedeckt bei 220° (Umluft 200°) 1 Std. garen.

4 Römertopf aus dem Ofen nehmen und fertige Paprika herausheben und warm stellen. Gemüse-brühe aus dem Römertopf in einen kleinen Topf gießen und aufkochen lassen. Sahne und Stärke glatt verrühren, in die kochende Brühe rühren und aufkochen lassen. Tomatenmark einrühren, Sauce mit Salz, Pfeffer und Zucker abschmecken, ca. 3 Min. köcheln lassen.

5 Petersilie waschen, trocken tupfen, Blättchen abzupfen und fein hacken. Paprika und Tomaten-sauce anrichten, mit Petersilie bestreuen. Dazu schmecken Reis oder Nudeln.

VARIANTEN MIT FLEISCH UND FISCH
Geben Sie statt der Lauchringe 200 g gemischtes Hack-fleisch, Schinkenwürfel oder klein gewürfeltes Lachs- oder Seelachsfilet und etwas gehackte Petersilie und Schnittlauch unter die Käsemasse.

fein mit Biss

Bulgur mit Gemüse

500 g Kohlrabi
500 g Brokkoli
1 Bund Frühlingszwiebeln
300 g grober Bulgur
Salz | Pfeffer
650 ml Gemüsebrühe
200 g Sahne
100 g Haselnusskerne
5 Stiele Basilikum
50 g Parmesan

Für 4 Personen
⏱ 30 Min. Zubereitung | 1 Std. Garen
Pro Portion ca. 665 kcal, 21 g EW, 36 F, 63 g KH

1 Römertopf wässern. Kohlrabi schälen und in dünne Stifte schneiden. Brokkoli putzen, waschen und in kleine Röschen teilen. Frühlingszwiebeln putzen, waschen und in Ringe schneiden.

2 Die Hälfte vom Gemüse in den Römertopf geben, Bulgur darauf verteilen, mit restlichem Gemüse abschließen. Kräftig mit Salz und Pfeffer würzen, dann Brühe und Sahne darübergießen. Geschlossen bei 220° (Umluft 200°) 1 Std. garen. Nach 30 Min. einmal sorgfältig umrühren.

3 Haselnüsse grob hacken und in einer Pfanne ohne Fett goldbraun rösten, zur Seite stellen. Basilikum waschen, trocken tupfen, Blätter abzupfen. Parmesan fein reiben.

4 Fertiges Gericht mit Salz und Pfeffer abschmecken und mit Haselnüssen, Parmesan und Basilikumblättchen anrichten.

mediterran | raffiniert

Kartoffelgemüse mit Zaziki

1 kg vorwiegend festkochende Kartoffeln
1 große Zwiebel | 3 Zucchini (ca. 500 g)
¼ l Gemüsebrühe | 4 EL Olivenöl
½ TL getrockneter Oregano
Salz | Pfeffer | 200 g Tomaten
1 Glas Okraschoten (ca. 660 g Füllmenge)
½ Salatgurke | 1 Knoblauchzehe
200 g griechischer Joghurt
50 g Schafkäse (Feta) | Zucker
50 g schwarze Oliven (ohne Stein)

Für 4 Personen
⏱ 45 Min. Zubereitung | 90 Min. Garen
Pro Portion ca. 430 kcal, 14 g EW, 20 F, 50 g KH

1 Römertopf wässern. Kartoffeln schälen, waschen und würfeln. Zwiebel schälen und würfeln. Zucchini putzen, waschen, längs halbieren und in Scheiben schneiden. Vorbereitete Zutaten, Brühe, Öl und Oregano in den Römertopf geben, salzen, pfeffern. Alles zugedeckt bei 220 ° (Umluft 200°) 1 Std. 30 Min. garen.

2 Tomaten waschen und grob würfeln. Okraschoten in ein Sieb gießen, kalt abspülen und gut abtropfen lassen. Gurke schälen, längs halbieren und entkernen. Gurke fein raspeln. Knoblauch schälen und zu der Gurke pressen. Joghurt unterrühren. Feta zerbröckeln, unterrühren. Zaziki mit Salz, Pfeffer und Zucker abschmecken.

3 Okraschoten, Tomaten und Oliven 15 Min. vor Garzeitende unter das Gemüse heben und offen fertig garen. Abschmecken und mit Zaziki servieren.

oben: Bulgur mit Gemüse | unten: Kartoffelgemüse mit Zaziki

macht satt | ohne Fleisch

Süßkartoffelcurry mit Ei

Mit diesem exotischen Gericht überzeugen Sie garantiert auch die größten Gemüse-muffel. Die cremige Kokos-Curry-Sauce passt perfekt zu Paprika, Süßkartoffeln und Ei. Einfach mal ausprobieren und genießen.

500 g Süßkartoffeln
1 rote Paprikaschote
1 grüne Paprikaschote
200 g Möhren
1 Bund Frühlingszwiebeln
1 große Zwiebel
1 Knoblauchzehe
1 TL Currypulver
1 TL gekörnte Brühe
400 ml Kokosmilch (aus der Dose)
4 Eier (Größe M)
100 g Cashewnusskerne
1 Dose Kichererbsen (ca. 425 g Füllgewicht)
2–3 EL Sojasauce

Für 4 Personen
🕓 30 Min. Zubereitung | 70 Min. Garen
Pro Portion ca. 705 kcal, 23 g EW, 43 F, 56 g KH

1 Römertopf wässern. Süßkartoffeln schälen, waschen und in ca. 1 cm große Würfel schneiden. Paprikaschoten halbieren, putzen, waschen und in mundgerechte Stücke schneiden. Möhren und Frühlingszwiebeln putzen, waschen und in Stücke schneiden. Zwiebel und Knoblauchzehe schälen, beides in kleine Würfel schneiden.

2 Süßkartoffeln, Paprika, Möhren, Frühlingszwiebeln, Zwiebel und Knoblauch in den Römertopf geben und mischen. Currypulver, gekörnte Brühe und Kokosmilch verrühren und dazugießen.

3 Zugedeckt bei 220° (Umluft 200°) 70 Min. garen. Eier in 10 Min. hart kochen. Abgießen, abschrecken und pellen. Cashewnüsse in einer Pfanne ohne Fett unter Wenden goldbraun rösten, herausnehmen.

4 Kichererbsen in ein Sieb abgießen und abtropfen lassen. 10 Min. vor Garzeitende Römertopfdeckel abnehmen und die Kichererbsen unterheben. Das Curry offen fertig garen und mit Sojasauce abschmecken. Eier vierteln und unter das heiße Curry heben. Mit gerösteten Cashewnüssen bestreuen. Dazu schmeckt Reis.

VARIANTE
Für Fleisch- und Fischfans: geben Sie gewürfeltes Puten- oder Hühnerfleisch zum Gemüse und garen es mit.

GUT ZU WISSEN
Süßkartoffeln, auch Bataten genannt, eignen sich besonders gut als Beilage. Gekocht, als Püree oder geröstet und mit Gewürzen, Ölen etc. (z. B. Thymian, Muskatnuss, Currypulver, Oliven-, Nussöl oder Kokosmilch) verfeinert. Übrigens, sie haben einen hohen Wassergehalt und sind deshalb äußerst verderblich. Also möglichst schnell nach dem Einkauf verbrauchen.

Überbackener Chicorée

Als Salat kennen wir die knackigen Stauden – doch auch als warmes Hauptgericht macht Chicorée eine gute Figur. Sein zartes Aroma passt sich vielen Geschmacksrichtungen an. Hier wird er mit Käse goldbraun überbacken.

200 g Raclettekäse (am Stück) | 150 g Crème fraîche | abgeriebene Schale von ½ Bio-Zitrone | Salz | Pfeffer | 6 mittelgroße Stauden Chicorée (ca. 800 g) | 12 kleine Scheiben Putenbrustaufschnitt (ca. 200 g) | 100 g Kirschtomaten

Für 4 Personen
🕐 20 Min. Zubereitung | 75 Min. Garen
Pro Portion ca. 400 kcal, 25 g EW, 30 F, 1 g KH

1 Römertopf wässern. Käse grob reiben und mit Crème fraîche und Zitronenschale verrühren. Mit Salz und Pfeffer würzen. Chicorée putzen. Die Stauden längs halbieren, dabei den Strunk entfernen.

2 Die Hälfte vom Chicorée in den Römertopf legen. Darauf die Hälfte der Putenbrust und Käsemasse verteilen. Die restlichen Zutaten darauf-schichten. Tomaten waschen, halbieren und auf der Käsemasse verteilen. Zugedeckt bei 220° (Umluft 200°) 1 Std. garen. 10 Min. vor Garzeitende Deckel abnehmen und offen fertig garen.

TAUSCH-TIPP
Wer es gerne fleischlos mag, legt statt der Putenbrust dünn geschnittenen Räuchertofu auf den Chicorée.

BEILAGEN-TIPP
Dazu schmeckt Polenta: 800 ml Gemüsebrühe aufkochen. 250 g feinen Maisgrieß (Polenta) unter Rühren einrieseln lassen. Aufkochen und auf der ausgeschalteten Herdplatte 10 Min. ausquellen lassen. 2 EL Olivenöl unterrühren und mit Salz und Pfeffer würzen.

Lauch in Senfsahnesauce

700 g Lauch | 500 g Champignons | 150 g Sahne | 50 ml trockener Weißwein (oder Orangensaft) | 100 ml Gemüsebrühe | 2 EL mittelscharfer Senf | 1 geh. TL Mehl | Salz | Pfeffer | ½ Bund glatte Petersilie

Für 4 Personen
⏱ 20 Min. Zubereitung | 1 Std. Garen
Pro Portion ca. 180 kcal, 7 g EW, 13 F, 7 g KH

1 Römertopf wässern. Lauch putzen, waschen und in Ringe schneiden. Champignons putzen, evtl. waschen und in Scheiben schneiden. Sahne, Wein, Brühe, Senf und Mehl verrühren. Salzen, pfeffern.

2 Lauch und Pilze einschichten, salzen, pfeffern. Die Sahnemischung zugießen. Zugedeckt bei 220° (Umluft 200°) 1 Std. backen. Ab und zu umrühren. Nach 50 Min. Deckel abnehmen und offen fertig garen. Petersilie waschen, trocken tupfen und hacken. Gemüse damit bestreuen. Dazu passen Rösti.

Mediterrane Kartoffeln

1,2 kg sehr kleine, vorwiegend festkochende Kartoffeln | 100 g getrocknete Tomaten in Öl | 50 g kleine Kapern | 2 in Salz eingelegte Sardellenfilets | 1 TL getrockneter Thymian | Salz | 100 g schwarze Oliven (mit Stein)

Für 4 Personen
⏱ 30 Min. Zubereitung | 75 Min. Garen
Pro Portion ca. 245 kcal, 5 g EW, 6 F, 37 g KH

1 Römertopf wässern. Kartoffeln schälen und waschen. Tomaten abtropfen lassen, Öl dabei auffangen. Kapern abtropfen lassen. Sardellenfilets abspülen. Tomaten, 1 EL Tomatenöl, Kapern, Sardellenfilets und 100 ml Wasser pürieren.

2 Kartoffeln, Tomatenmasse, Thymian, ½ TL Salz und Oliven in den Römertopf geben und vermengen. Zugedeckt bei 220° (Umluft 200°) 75 Min. garen. Dazu schmeckt grüner Salat.

Sonntagsessen mal ohne Fleisch
Grünkern-Mandel-Braten

Es muss nicht immer Fleisch sein. Auch mit diesem gesunden und köstlichen Veggie-Braten lassen sich alle gerne mal verwöhnen. Denn dank seiner raffinierten Gewürze schmeckt er besonders lecker.

3 Frühlingszwiebeln
2 Knoblauchzehen
100 g gemahlene Mandeln
5 EL Butter
250 g Grünkernschrot
¾ l Gemüsebrühe
300 g vorwiegend festkochende Kartoffeln
1 mittelgroße Möhre
150 g Bergkäse
je 1 TL getrockneter Thymian und Majoran
½ TL gemahlener Kümmel
Salz | Pfeffer
4 Eier (Größe M)

Für 4–6 Personen
⊕ 50 Min. Zubereitung | 70 Min. Garen
Bei 6 Personen pro Portion ca. 490 kcal,
21 g EW, 29 F, 36 g KH

1 Römertopf wässern. Frühlingszwiebeln putzen, waschen und in Streifen schneiden. Knoblauchzehen schälen. 2 EL Mandeln abnehmen und zur Seite stellen. Restliche Mandeln in einem Topf ohne Fett unter Rühren goldbraun rösten, herausnehmen und zur Seite stellen.

2 3 EL Butter im heißen Topf erhitzen und die Frühlingszwiebeln darin andünsten. Knoblauch dazupressen und kurz mitdünsten. Grünkernschrot zugeben und unter Rühren andünsten. Mit Brühe ablöschen und bei schwacher Hitze 20 Min. ausquellen lassen. Kurz abkühlen lassen.

3 Kartoffeln schälen, waschen und grob raspeln. Möhre putzen, waschen und sehr fein würfeln. Käse fein reiben. Römertopf mit 2 EL Butter fetten und mit den zur Seite gestellten Mandeln ausstreuen.

4 Kartoffeln, Möhre, Mandeln, 100 g Käse und Kräuter in eine Schüssel geben. Grünkernbrei zugeben und alles zügig vermengen. Masse kräftig mit Kümmel, Salz und Pfeffer würzen. Eier sorgfältig unterrühren. Die Masse ca. 10 Min. ruhen lassen.

5 Die Grünkern-Kartoffelmasse in den Römertopf geben und zu einem Braten formen. Oberfläche mit einem Messer kreuzweise einritzen und mit restlichem geriebenen Käse bestreuen. Zugedeckt bei 220° (Umluft 200°) 70 Min. backen. 10 Min. vor Garzeitende Deckel abnehmen und fertig garen. Braten aus dem Ofen nehmen und kurz ruhen lassen. Braten in Scheiben schneiden. Dazu passen Tomatensauce und Blattsalat.

RESTE-TIPP
Der Braten schmeckt auch kalt sehr lecker: In Scheiben geschnitten auf Brot oder als Imbiss mit einem gemischten Salat aus Kirschtomaten, Salatgurke und Mini-Römersalat.

Fleisch und Geflügel

Unwiderstehlich gut – ein saftiges, aromatisches Steak aus dem Römertopf ganz einfach zubereitet. Ideal für Kochanfänger und Ungeübte, denn hier können Sie mit kleinem Aufwand Großes vollbringen.

Steaktopf mit Kürbisgemüse

1 Hokkaidokürbis (ca. 1 kg)
1 Bund Frühlingszwiebeln
350 g Kirschtomaten
3–4 Stiele Majoran
Salz | Pfeffer
⅛ l frisch gepresster Orangensaft
5 EL Olivenöl
4 Rinderfiletsteaks (à ca. 160 g und
ca. 4 cm hoch)

Für 4 Personen
🕐 25 Min. Zubereitung | 1 Std. Garen
Pro Portion ca. 400 kcal, 37 g EW, 20 F, 14 g KH

1   Römertopf wässern. Kürbis vierteln und entkernen, die Schale wegschneiden. Fruchtfleisch in kleine Stücke schneiden. Frühlingszwiebeln putzen, waschen und in Stücke schneiden. Tomaten waschen. Majoran waschen, trocken tupfen, Blättchen abzupfen. Vorbereitete Zutaten in den Römertopf geben. Mit 1 gestrichenen TL Salz und Pfeffer würzen. Orangensaft und 3 EL Öl zugeben und alles mischen.

2   In einer beschichteten Pfanne 2 EL ÖL erhitzen. Steaks mit Salz und Pfeffer würzen und rundherum im heißen Öl kurz anbraten. Steaks auf das Gemüse setzen, heißes Bratfett über die Steaks gießen. Geschlossen bei 220° (Umluft 200°) 1 Std. garen. Dazu schmeckt Polenta.

AUSTAUSCH-TIPP
Das Kürbisgemüse schmeckt auch mit Frikadellen. Dafür 1 Knoblauchzehe schälen und fein hacken. 500 g gemischtes Hackfleisch, gehackten Knoblauch, 1 Ei, 1 EL Senf, ½ TL Salz und Pfeffer verkneten. Daraus 4 gleich große Frikadellen formen und auf das Gemüse setzen.

Sauerkrauttopf mit Würsten

Manchmal muss es eben etwas Deftiges sein. Hier verbinden sich Kartoffeln, Kraut, Gewürze und Geräuchertes mit einem guten Schluck Wein zu einem besonderen Geschmackserlebnis. Genau das Richtige an kalten Tagen.

1 kg vorwiegend festkochende Kartoffeln | 2 Zwiebeln | 100 ml Fleischbrühe | 1 Dose Sauerkraut (ca. 850 ml Füllgewicht) | Salz | Pfeffer | 3 Wacholderbeeren | 3 Nelken | 100 ml trockener Weißwein | 100 g Sahne | 4 Kochwürste (z. B. Mettenden) | 100 g durchwachsener Speck

Für 4 Personen
⊚ 20 Min. Zubereitung | 90 Min. Garen
Pro Portion ca. 790 kcal, 27 g EW, 59 F, 34 g KH

1 Römertopf wässern. Kartoffeln schälen, waschen und in Stücke schneiden. Zwiebeln schälen und in Spalten schneiden. Kartoffeln, Zwiebeln und Brühe im Römertopf vermengen und zugedeckt bei 220° (Umluft 200°) 45 Min. garen.

2 Inzwischen das Sauerkraut in einem Sieb abtropfen lassen. Römertopf aus dem Ofen nehmen. Kartoffeln salzen, Sauerkraut darauf verteilen. Mit Salz und Pfeffer würzen. Wacholderbeeren und Nelken untermischen. Alles mit Wein und Sahne begießen. Würste und Speck auf das Kraut legen. Zugedeckt in 45 Min. fertig garen. Nach Wunsch mit Senf servieren.

AUSTAUSCH-TIPP
Statt Mettenden können Sie auch Kassele- oder Schinkenwürste verwenden.

Paprikagulasch

2 rote Paprikaschoten | 1 große Zwiebel |
2 Knoblauchzehen | 1 kg gemischtes Gulasch
(in Stücken) | 1 TL edelsüßes Paprikapulver |
½ TL gemahlener Kümmel | Salz | Pfeffer | 2 EL
Tomatenmark | 4 EL Olivenöl | 200 ml trockener
Rotwein

Für 4 Personen
🕙 20 Min. Zubereitung | 2 Std. Garen
Pro Portion ca. 475 kcal, 52 g EW, 24 F, 5 g KH

1 Römertopf wässern. Paprikaschoten halbieren,
putzen, waschen und in Stücke schneiden. Zwiebel
und Knoblauch schälen und würfeln.

2 Gulasch, Paprika, Zwiebel, Knoblauch, Paprikapulver, Kümmel, 1 TL Salz, Pfeffer, Tomatenmark
und Öl in den Römertopf geben und alles gut
mischen. Rotwein zugießen. Zugedeckt bei 220°
(Umluft 200°) 2 Std. schmoren lassen. Nach
Wunsch mit Petersilie bestreuen.

Erbseneintopf mit Kasseler

300 g festkochende Kartoffeln | 1 Bund Suppen-
grün | 400 g Kasselerkotelett ohne Knochen |
300 g grüne Schälerbsen (ohne Einweichen) |
1 TL getrocknetes Bohnenkraut | Salz | Pfeffer |
3 EL Rapsöl | 1 EL gehackte Petersilie

Für 4 Personen
🕙 25 Min. Zubereitung | 2 Std. Garen
Pro Portion ca. 515 kcal, 41 g EW, 16 F, 49 g KH

1 Römertopf wässern. Kartoffeln schälen, waschen
und würfeln. Suppengrün putzen, bzw. schälen,
waschen und klein schneiden. Kasseler ebenfalls
in kleine Würfel schneiden.

2 Kartoffeln, Gemüse, Kasseler, Erbsen und Boh-
nenkraut in den Römertopf geben. 1,2 l Wasser
zugießen und zugedeckt bei 220° (Umluft 200°)
2 Std. garen. Eintopf mit Salz und Pfeffer würzen,
Öl unterrühren. Mit gehackter Petersilie bestreuen.

für die große Runde

Burgunderbraten

Man braucht wirklich nicht viel zum Glück: Einen guten Braten, ein Glas Wein, etwas Zeit und Freunde, die dies zu schätzen wissen. Den Rest erledigt Ihr Ofen für Sie!

1 Bund Suppengrün
2 Zweige Rosmarin
8–10 Salbeiblättchen
1 Lorbeerblatt
Salz | Pfeffer
300 ml trockener Rotwein (z. B. Spät-
burgunder)
1,2 kg Rinderschmorbraten aus der Keule
1 EL mittelscharfer Senf (z. B. Dijon Senf)
3 EL Olivenöl

Für 4–6 Personen
◎ 30 Min. Zubereitung | 2 Std. 30 Min. Garen
Bei 6 Personen pro Portion ca. 390 kcal,
43 g EW, 19 F, 4 g KH

1 Römertopf wässern. Suppengrün putzen, evtl. schälen, waschen und fein würfeln. Rosmarin und Salbei waschen und mit dem Suppengrün und Lorbeerblatt in den Römertopf geben. Mit Salz und Pfeffer würzen, Rotwein zugießen. Rinderschmorbraten mit Senf einstreichen und mit Salz und Pfeffer würzen. Braten auf das vorbereitete Gemüse setzen. Öl über das Fleisch gießen.

2 Alles zugedeckt bei 220 ° (Umluft 200°) 2 Std. 30 Min. schmoren lassen, dabei den Braten nach 1 Std. wenden. Nach Ende der Bratzeit Braten herausnehmen, in Alufolie wickeln und ruhen lassen. So kann sich der Fleischsaft im Inneren des Bratens verteilen.

3 Rosmarin, Lorbeer und etwa die Hälfte vom Salbei aus dem Römertopf entfernen. Gemüse samt Garflüssigkeit in einem hohen Gefäß mit einem Pürierstab fein pürieren. Sauce mit Salz und Pfeffer abschmecken. Braten in Scheiben schneiden und mit der Sauce servieren. Dazu schmecken Klöße.

UND DAZU?
Genau passend sind Baguetteklöße. Dazu 500 g Baguette (vom Vortag) in kleine Stücke brechen oder schneiden. 500 ml Milch und 3 Eier verquirlen und darübergeben. ½ Bund glatte Petersilie waschen, trocken tupfen, abzupfen und fein hacken. Petersilie, 1 EL getrocknete Kräuter der Provence, 4 EL Mehl, 3 EL Olivenöl zugeben und alles gut verkneten. Masse mit Salz und Pfeffer würzen und 30 Min. ruhen lassen. Mit angefeuchteten Händen aus der Masse 12 Klöße formen und in siedender Fleisch- oder Gemüsebrühe 25 Min. gar ziehen lassen.

RESTE-TIPP
Aus Rindfleischresten lässt sich ein feiner Fleischsalat zubereiten. Dafür ca. 300 g Rindfleisch und 150 g Rote Bete (aus dem Glas) klein schneiden und mit einer gehackten Zwiebel und Petersilie mischen. Dazu eine Vinaigrette aus 2 EL Weißweinessig, 3 El Rapsöl, 50 ml lauwarmer Fleischbrühe und 1 TL Senf zaubern und über die vorbereiteten Salatzutaten geben und 30 Min. ziehen lassen. Dazu schmeckt Roggenbrot.

herzhaft | preiswert

Schnitzelauflauf

4 Schweineschnitzel (à ca. 150 g)
100 g durchwachsener Speck
1 Bund Frühlingszwiebeln
3 EL Rapsöl
Salz | Pfeffer
1 Dose Tomaten (800 g Füllgewicht)
5 EL Ketchup
150 g Crème fraîche
125 g Mozzarella
3 Stängel Basilikum

Für 4 Personen
25 Min. Zubereitung | 50 Min. Garen
Pro Portion ca. 660 kcal, 46 g EW, 47 F, 12 g KH

1 Römertopf wässern. Schnitzel evtl. etwas flacher klopfen und quer halbieren. Speck in kleine Würfel schneiden. Frühlingszwiebeln putzen, waschen und in Stücke schneiden.

2 Öl in einer Pfanne erhitzen und den Speck darin knusprig auslassen, aus der Pfanne nehmen. Schnitzel im heißen Speckfett von jeder Seite kurz anbraten. Salzen, pfeffern, herausnehmen.

3 Tomaten etwas zerkleinern. Mit Ketchup und Frühlingszwiebeln verrühren, salzen, pfeffern. Die Hälfte der Tomaten in den Römertopf geben. Crème fraîche als Kleckse daraufgeben und die Schnitzel dachziegelförmig darauf verteilen. Restliche Tomaten und Speck darübergeben. Mozzarella würfeln, auf den Tomaten verteilen. Zugedeckt bei 220° (Umluft 200°) 50 Min. garen. Basilikum waschen, trocken tupfen, Blättchen abzupfen und auf den fertigen Auflauf geben. Dazu schmeckt Reis.

pikant | gelingt leicht

Würstchengulasch

1 Stange Lauch (ca. 250 g)
400 g gemischtes Hackfleisch
1 Ei (Größe M)
½ TL gemahlener Kümmel
1 TL getrockneter Majoran
Salz | Pfeffer
150 g Kabanossi
300 g TK-Prinzessbohnen
1 TL gekörnte Gemüsebrühe
1 TL Tomatenmark
1 Flasche Malzbier (0,33 l)
500 g Schupfnudeln (aus dem Kühlregal)

Für 4 Personen
25 Min. Zubereitung | 75 Min. Garen
Pro Portion ca. 690 kcal, 38 g EW, 35 F, 53 g KH

1 Römertopf wässern. Lauch putzen, waschen und in dünne Ringe schneiden. Hackfleisch, Ei, Kümmel und Majoran glatt verkneten. Kräftig mit Salz und Pfeffer würzen. Hackmasse zu 12 Bällchen formen. Kabanossi in Scheiben schneiden.

2 Bohnen mit heißem Wasser abspülen. Kabanossi, Lauch und Bohnen in dem Römertopf vermengen. Brühe darüberstreuen, Tomatenmark unterrühren und Bier darübergießen. Hackbällchen darauf verteilen. Zugedeckt bei 220° (Umluft 200°) 1 Std. 15 Min. garen. Nach 1 Std. die Schupfnudeln unterheben und fertig garen.

oben: Würstchengulasch | unten: Schnitzelauflauf

aromatisch | würzig

Lammhaxen auf Portweinzwiebeln

500 g kleine Schalotten
150 g Sahne
100 ml roter Portwein
Salz | Pfeffer
1 TL getrockneter Thymian
1 Lorbeerblatt
4 Lammhaxen (à ca. 300 g)

Für 4 Personen
⏱ 20 Min. Zubereitung | 85 Min. Garen
Pro Portion ca. 735 kcal, 45 g EW, 55 F, 9 g KH

1 Römertopf wässern. Schalotten schälen und in den Römertopf geben. Sahne, Portwein, 1 TL Salz, Pfeffer, Thymian und Lorbeerblatt verrühren und dazugeben.

2 Lammhaxen mit Salz und Pfeffer würzen und auf die Schalotten legen. Zugedeckt bei 220° (Umluft 200°) 85 Min. garen. 15 Min. vor Garzeitende den Deckel entfernen und offen fertig garen. Dazu passen Kartoffelrösti.

KARTOFFELRÖSTI
800 g festkochende Kartoffeln schälen und grob raspeln. 1 gestrichenen TL Salz und 1 EL Zitronensaft zugeben, gut ausdrücken. 50 g Appenzeller Käse fein reiben. Käse, 1 EL gehackte Petersilie und 1 Ei unter die Kartoffelmasse mischen. Mit Pfeffer und Muskat würzen. 2 EL Rapsöl in einer beschichteten Pfanne erhitzen. Röstimasse zugeben und glatt streichen. Bei mittlerer Hitze 15 Min. braten. Zum Wenden auf einen Teller gleiten lassen. 2 EL Öl in der Pfanne erhitzen. Rösti hineingeben und auf der anderen Seite weitere 15 Min. braten.

französisch angehaucht

Kaninchen in Estragonsahne

500 g Champignons
1 große Zwiebel
1 Bio-Zitrone
Salz | Pfeffer
4 Kaninchenkeulen (à ca. 250 g)
100 ml trockener Weißwein
125 g Crème double
1 Bund Estragon (ca. 50 g)

Für 4 Personen
⏱ 25 Min. Zubereitung | 75 Min. Garen
Pro Portion ca. 470 kcal, 46 g EW, 29 F, 4 g KH

1 Römertopf wässern. Champignons putzen, evtl. waschen und in dicke Scheiben schneiden. Zwiebel schälen und in kleine Würfel schneiden. Zitrone waschen und abtrocknen, Schale fein abreiben. Zitrone halbieren, eine Hälfte auspressen.

2 Die Hälfte der Pilze und Zwiebelwürfel in den Römertopf geben, mit Salz, Pfeffer und der Hälfte der Zitronenschale würzen. Kaninchenkeulen salzen, pfeffern und darauflegen. Übrige Pilze und Zwiebelwürfel darauf verteilen. Mit Salz, Pfeffer und restlicher Zitronenschale würzen.

3 Zitronensaft und Wein zugießen. Crème double darauf verteilen. Zugedeckt bei 220° (Umluft 200°) 75 Min. garen. Estragon waschen, Blättchen abzupfen und fein hacken. Nach 1 Std. Deckel abnehmen und Estragon unterheben. Offen fertig garen. Dazu passen Baguette oder Bandnudeln.

Klassiker mal anders

Hackbraten mit Kräutern

Dieser Braten weckt den Italiener in Ihnen – mit viel frischem Gemüse, mediterranen Kräutern und jeder Menge Geschmack! Und falls doch etwas übrig bleibt, er schmeckt auch kalt lecker aufs Brot.

1 Brötchen (vom Vortag)
100 g durchwachsener Speck
1 kleines Bund Suppengrün
1 große Zwiebel
2 Knoblauchzehen
3 EL Olivenöl
Salz | Pfeffer
100 g Hühnerlebern
1 kg gemischtes Hackfleisch
2 EL Tomatenmark
2 Eier (Größe M)
1 TL getrockneter Oregano
1 TL getrockneter Thymian
50 g Bel Paese oder mittelalter Gouda

Für 4–6 Personen
◎ 30 Min. Zubereitung | 90 Min. Garen
Bei 6 Personen pro Portion ca. 705 kcal,
45 g EW, 55 F, 8 g KH

1 Römertopf wässern. Brötchen in lauwarmem Wasser einweichen. Speck in feine Würfel schneiden. Suppengrün putzen, bzw. schälen, waschen und fein würfeln. Zwiebel und Knoblauch schälen und ebenfalls fein würfeln.

2 Öl in einer großen Pfanne erhitzen, Speck darin auslassen. Gemüsewürfel, Zwiebel und Knoblauch zugeben und darin unter Rühren 5 Min. braten. Mit Salz und Pfeffer würzen. Vom Herd nehmen, etwas abkühlen lassen.

3 Das eingeweichte Brötchen ausdrücken und zerzupfen. Hühnerlebern von Haut und Sehnen befreien, waschen und trocken tupfen. Lebern sehr fein hacken. Hackfleisch, ausgedrücktes Brötchen, Lebern, die angebratene Gemüsemischung, Tomatenmark, Eier, Oregano, Thymian, 1 TL Salz und Pfeffer sorgfältig verkneten.

4 Die Hackfleischmasse zu einem Laib formen und in den Römertopf legen. Mit einem Messer die Oberfläche schräg einschneiden. Zugedeckt bei 220° (Umluft 200°) 90 Min. garen.

5 Käse grob reiben. Deckel 10 Min. vor Garzeitende abnehmen, Käse auf dem Hackbraten verteilen und offen fertig garen. Dazu schmeckt Kartoffelpüree und ein gemischter Salat.

GRIECHISCHE VARIANTE
Geben Sie zusätzlich 1 TL gemahlenen Kreuzkümmel in den Hackfleischteig. Verteilen Sie statt Goudakäse die gleiche Menge zerbröckelten Feta über den Braten.

für Gäste | edel

Hirschgulasch mit Steinpilzen

8 g gehackte, getrocknete Steinpilze
150 g Möhren
100 Knollensellerie
1 Zwiebel
50 g durchwachsener Speck
1 kg Hirschgulasch
1 EL Mehl | 1 EL Tomatenmark
1 EL Hagebuttenkonfitüre
200 ml trockener Rotwein
1 TL getrocknete italienische Kräuter
Salz | Pfeffer
1 Lorbeerblatt

Für 4 Personen | ⊙ 20 Min. Zubereitung
90 Min. Garen | 1 Std. Einweichen
Pro Portion ca. 430 kcal, 54 g EW, 17 F, 9 g KH

1 Pilze 1 Std. in 150 ml warmem Wasser einweichen. Römertopf wässern. Möhren und Sellerie schälen, waschen und in kleine Würfel schneiden. Zwiebel schälen. Zwiebeln und Speck fein würfeln. Gulasch evtl. etwas kleiner schneiden.

2 Mehl, Tomatenmark, Hagebuttenkonfitüre und 2 EL Wasser glatt verrühren. Gemüse, Zwiebel, Fleisch und Konfitüremischung in den Römertopf geben.

3 Eingeweichte Pilze samt Einweichflüssigkeit, Wein, Kräuter, ½ TL Salz, Pfeffer und Lorbeerblatt zugeben und alles verrühren. Zugedeckt bei 220° (Umluft 200°) 90 Min. garen. 10 Min. vor Garzeitende den Deckel abnehmen, umrühren und offen fertig garen. Dazu schmecken Kartoffelklöße.

feines Festessen

Rehrücken auf Cognac-Äpfeln

3 kleine rotschalige Äpfel (ca. 350 g)
2 mittelgroße Zwiebeln
Saft und abgeriebene Schale von
½ Bio-Orange
100 g Sahne
100 ml Wildfond oder Fleischbrühe
3 EL Cognac (nach Belieben)
1 TL getrockneter oder frischer Thymian
Salz | Pfeffer
600 g ausgelöster Rehrücken
50 g Butter

Für 4 Personen
⊙ 25 Min. Zubereitung | 50 Min. Garen
Pro Portion ca. 420 kcal, 35 g EW, 24 F, 10 g KH

1 Römertopf wässern. Äpfel waschen, vierteln, das Kerngehäuse entfernen und das Fruchtfleisch in dünne Spalten schneiden. Zwiebeln schälen und in Würfel schneiden. Beides mit Orangensaft und -schale mischen.

2 Sahne, Wildfond oder Fleischbrühe, nach Belieben Cognac und Thymian verrühren, mit Salz und Pfeffer würzen. Rehrücken quer halbieren und mit Salz und Pfeffer würzen.

3 Apfelmischung in den Römertopf geben und mit Sahne begießen. Rehrücken daraufsetzen und mit Butterstückchen belegen. Zugedeckt im Ofen bei 220° (Umluft 200°) 50 Min. garen. 5 Min. vor Garzeitende Deckel abnehmen und offen fertig garen. Rehrücken in Scheiben schneiden. Dazu schmecken gedünsteter Wirsing und Kroketten.

Weihnachtsessen | gelingt leicht

Gänsebrust auf Feigenrotkohl

1,2 kg Rotkohl
100 g getrocknete Feigen
2 Zwiebeln | 1 kleiner Apfel
1 Zimtstange
Salz | Pfeffer
100 ml trockener Rotwein oder Gänsefond
1 Gänsebrust mit Knochen (ca. 1 kg)
1 TL Feigenkonfitüre
1 TL Essig (z. B. Apfelessig)

Für 4 Personen
◎ 30 Min. Zubereitung | 1 Std. 45 Min. Garen
Pro Portion ca. 845 kcal, 36 g EW, 63 F, 29 g KH

1 Römertopf wässern. Rotkohl putzen, vierteln, den Strunk entfernen und den Kohl in dünne Streifen schneiden. Feigen klein würfeln. Zwiebeln schälen und würfeln. Apfel waschen, vierteln, Kerngehäuse entfernen, das Fruchtfleisch in Stücke schneiden. Alles mit der Zimtstange, 1 TL Salz und Pfeffer in den Römertopf geben und mischen. Rotwein oder Gänsefond zugießen.

2 Gänsebrust waschen, trocken tupfen und mit Salz und Pfeffer würzen. Auf den Rotkohl setzen und alles zugedeckt bei 220° (Umluft 200°) 1 Std. 45 Min. garen.

3 Feigenkonfitüre und Essig glatt verrühren. 10 Min. vor Garzeitende Deckel abnehmen und die Brust mit Essigmischung bestreichen. Alles offen fertig garen. Gänsebrust tranchieren und das Fleisch in Scheiben schneiden. Rotkohl mit Salz und Pfeffer abschmecken. Dazu passen Klöße.

raffiniert | preiswert

Glasierte Entenkeulen auf Kartoffel-Gemüse

4 Entenkeulen (à ca. 300 g)
Salz | Pfeffer
1 Steckrübe (ca. 800 g)
800 g vorwiegend festkochende Kartoffeln
1 große Zwiebel
4 Zweige Thymian | 5 Stiele Petersilie
1 EL flüssiger Honig
1 EL Aceto balsamico
30 g frischer Ingwer | 1 Knoblauchzehe
150 ml warme Geflügelbrühe

Für 4 Personen
◎ 1 Std. Zubereitung | 2 Std. Garen
Pro Portion ca. 670 kcal, 44 g EW, 37 F, 39 g KH

1 Römertopf wässern. Entenkeulen waschen und trocken tupfen. Die Haut mehrmals einritzen, salzen und pfeffern. In den Römertopf legen und bei 220° (Umluft 200°) 1 Std. braten.

2 Steckrübe und Kartoffeln schälen, waschen und in Stifte schneiden. Zwiebel schälen und in Spalten schneiden. Kräuter waschen, trocken tupfen und hacken. Honig und Essig verrühren. Ingwer und Knoblauch schälen, Ingwer reiben, Knoblauch hacken. Beides unter den Essig rühren. Salzen.

3 Keulen aus dem Topf nehmen. Die Hälfte Fett abschöpfen. Kartoffeln, Steckrübe, Zwiebel, Kräuter und Brühe in den Topf geben und salzen. Keulen zugeben, mit der Hälfte der Essigmischung bestreichen. Zugedeckt 1 Std. garen. 10 Min. vor Garzeitende Deckel abnehmen. Keulen mit der restlichen Essigmischung bestreichen und offen fertig garen.

oben: Gänsebrust auf Feigenrotkohl | unten: Glasierte Entenkeulen auf Kartoffel-Gemüse

für die ganze Familie | gelingt leicht

Hähnchengeschnetzeltes

Geschnetzeltes geht immer. Und deshalb stehen hier auch gleich vier Varianten des beliebten Gerichtes zur Wahl – das Einzige was hier schwerfällt, ist die Entscheidung.

500 g braune Champignons
1 große Zwiebel
1 Knoblauchzehe
1 grüne Paprikaschote
800 g Hähnchenbrustfilet
50 g Frühstücksspeck (in Scheiben)
½ Bund glatte Petersilie
Salz | Pfeffer
2 EL Tomatenmark
100 ml trockener Weißwein oder Hühnerbrühe
100 g Sahne

Für 4 Personen
◎ 35 Min. Zubereitung | 1 Std. Garen
Pro Portion ca. 500 kcal, 50 g EW, 29 F, 4 g KH

1 Römertopf wässern. Pilze putzen, evtl. waschen und in Scheiben schneiden. Zwiebel und Knoblauch schälen und fein würfeln. Paprika halbieren, putzen, waschen, würfeln.

2 Hähnchenfleisch waschen, trocken tupfen und in Streifen schneiden. Speck quer in Streifen schneiden. Petersilie waschen, trocken tupfen, Blättchen abzupfen und hacken.

3 Vorbereitete Zutaten in den Römertopf geben. Mit Salz und Pfeffer kräftig würzen. Tomatenmark, Wein oder Brühe und Sahne zugeben. Zugedeckt bei 220° (Umluft 200°) 1 Std. garen. 5 Min. vor Garzeitende Deckel entfernen, alles gut vermengen und offen fertig garen. Dazu schmecken Nudeln (z. B. Tagliatelle).

ASIATISCHE VARIANTE
Lassen Sie Speck, Petersilie und Tomatenmark weg und ersetzen Sie Wein und Sahne durch die gleiche Menge Kokosmilch aus der Dose. Geben Sie zusätzlich 30 g geschälten und gehackten frischen Ingwer und ½ gehackte rote Chilischote hinzu. Wer mag, streut gehacktes frisches Koriandergrün oder Thai-Basilikum über das fertige Gericht. Dazu schmeckt Basmatireis.

ITALIENISCHE VARIANTE
Statt mit Petersilie mit 3–4 Stielen gehacktem Thymian und mit 1 gehacktem kleinen Zweig Rosmarin würzen. Sahne und Weißwein durch 200 ml trockenen Rotwein und 4 EL Olivenöl ersetzen.

SCHWEIZER VARIANTE
Lassen Sie Paprika, Speck und Tomatenmark weg. Wer mag ersetzt das Hähnchenfilet durch die gleiche Menge Kalbsschnitzel. Dazu schmecken Rösti.

exotisch | für Gäste

Mexikanisches Hähnchen

abgeriebene Schale und Saft von ½ Limette
1 TL gemahlener Kreuzkümmel
½ TL Cayennepfeffer
frisch geriebene Muskatnuss | Salz
2 Knoblauchzehen | 3 EL Olivenöl
1 küchenfertiges Hähnchen (ca. 1,3 kg)

Für 4 Personen
🕐 30 Min. Zubereitung | 90 Min. Garen
Pro Portion ca. 435 kcal, 50 g EW, 26 F, 1 g KH

1 Römertopf wässern. Limettenschale und -saft, Kreuzkümmel, Cayennepfeffer, Muskat und ½ TL Salz verrühren. Knoblauchzehen schälen und dazupressen. Öl unterrühren.

2 Hähnchen innen und außen waschen und trocken tupfen. Innen mit Salz würzen, außen mit der Gewürzpaste einstreichen. Mit der Brust nach oben in den Römertopf legen. Zugedeckt bei 220° (Umluft 200°) 90 Min. braten. Nach 75 Min. Deckel abnehmen, das Huhn mit Bratenfond beschöpfen und offen fertig braten. Dazu schmecken Reis und Paprika-Maisgemüse.

UND DAZU?

1 grüne Paprikaschote vierteln, putzen, waschen und in Stücke schneiden. 2 EL Öl in einer Pfanne erhitzen, Paprika darin ca. 5 Min. braten, salzen. 1 Dose Gemüsemais (ca. 285 g Füllmenge) in einem Sieb abtropfen lassen und kurz mitbraten. 2 Zweige frischen oder ½ TL getrockneten Thymian zugeben und kurz mitbraten. 2 EL Schmant unterrühren und zum Hähnchen servieren.

raffiniert | preiswert

Putenbraten in Milch

1 Bund Suppengrün (500 g)
1,2 kg Putenbrust
Salz | Pfeffer
½ TL edelsüßes Paprikapulver
2 Zweige Rosmarin
1 Lorbeerblatt
300 ml Milch
30 g Butter
1–2 TL frisch gepresster Zitronensaft

Für 4–6 Personen
🕐 30 Min. Zubereitung | 90 Min. Garen
Bei 6 Personen pro Portion ca. 295 kcal,
51 g EW, 8 F, 3 g KH

1 Römertopf wässern. Suppengrün putzen, bzw. schälen, waschen und in kleine Würfel schneiden. Putenfleisch waschen und trocken tupfen. Mit Salz, Pfeffer und Paprikapulver würzen.

2 Rosmarin waschen. Suppengrün, Rosmarin und Lorbeerblatt in den Römertopf geben und mit Salz und Pfeffer würzen. Milch zugießen. Das Putenfleisch auf das Gemüse setzen und die Butter in kleinen Stückchen darauf verteilen. Zugedeckt bei 220° (Umluft 200°) 90 Min. garen.

3 Braten herausnehmen und warm stellen. Rosmarin und Lorbeer entfernen. Gemüse und Garflüssigkeit in ein hohes, hitzebeständiges Gefäß geben und mit dem Pürierstab fein pürieren. Nach Wunsch noch durch ein Sieb passieren. Sauce mit Zitronensaft, Salz und Pfeffer abschmecken. Fleisch in Scheiben schneiden und mit der Sauce anrichten. Dazu schmecken Salzkartoffeln.

oben: Mexikanisches Hähnchen | unten: Putenbraten in Milch

herzhaft

Kürbistopf mit Putenbrustfilet

*Das Sieger-Rezept des großen GU-Rezeptwettbewerbs auf
küchengötter.de! Mit diesem gemüsereichen Rezept überzeugte
Küchengott »ts_09112« die Kochbuchredaktion.*

1 kleiner Hokkaido-Kürbis (ca. 1 kg)
3 rote Paprikaschoten
2 Stangen Staudensellerie
1 große rote Zwiebel | 1 kleine Chilischote
3 vorwiegend festkochende Kartoffeln
3 Möhren
400 g Putenbrustfilet
1 EL Pflanzenöl
300 ml halbtrockener Weißwein
3 EL Kürbiskernöl
Salz | Pfeffer | frisch geriebene Muskatnuss
300 ml Gemüsebrühe
80 g Schinkenspeck (in dünnen Scheiben)
1–2 Frühlingszwiebeln

Für 4 Personen
50 Min. Zubereitung | 1 Std. Garen
Pro Portion ca. 365 kcal, 34 g EW, 13 F, 25 g KH

1 Römertopf wässern. Kürbis halbieren, entkernen
und schälen. Das Fruchtfleisch in ca. 1 cm große
Stücke schneiden. Paprika vierteln, putzen,
waschen und in Stücke schneiden. Staudensellerie
putzen, waschen und in Stücke schneiden. Zwiebel
schälen und grob würfeln. Chilischote halbieren,
putzen, Kerne entfernen. Die Schote waschen und
in feine Streifen schneiden. Kartoffeln und Möhren
schälen, waschen und in dünne Streifen schneiden.

2 Putenbrustfilet waschen, trocken tupfen und in
kleine Würfel schneiden. Öl in einer beschichteten
Pfanne erhitzen, darin das Fleisch kurz anbraten
und mit etwas Weißwein ablöschen.

3 Alle vorbereiteten Zutaten und Kürbiskernöl in
den Römertopf geben. Würzen. Restlichen Weißwein und Brühe zugießen. Mit dem Schinkenspeck
belegen. Zugedeckt bei 220° (Umluft 200°) 30 Min.
garen. Backofen auf 170° (Umluft 150°) herunter-
schalten und weitere 20 Min. garen. Backofen ausschalten und alles noch 10 Min. ruhen lassen.

4 Inzwischen Frühlingszwiebeln putzen, waschen
und fein hacken. Kürbistopf aus dem Ofen nehmen
und mit Frühlingszwiebeln bestreuen.

Sie haben auch ein tolles Rezept?

Dann machen Sie mit bei:

www.küchengötter.de/rezeptwettbewerb

Fisch

Besonders feiner Fisch fühlt sich im Römertopf sehr wohl – denn beim schonenden Garen im heißen Dampf kommt auch zarter Geschmack perfekt zur Geltung. Und das Beste daran: der Fisch bleibt herrlich saftig und aromatisch: Einfach mal ausprobieren.

Kabeljaufilet in Senf-Dill-Sauce

1 Stange Lauch (ca. 300 g)
500 g Möhren
600 g Kabeljaufilet
2 EL frisch gepresster Zitronensaft
Salz | Pfeffer
300 g Crème fraîche
2 EL körniger Senf
1–2 TL Honig
1 Bund Dill

Für 4 Personen
🕐 30 Min. Zubereitung | 70 Min. Garen
Pro Portion ca. 450 kcal, 29 g EW, 31 F, 13 g KH

1 Römertopf wässern. Lauchstange putzen, waschen, erst einmal quer, dann längs halbieren und anschließend in gleichmäßige Stücke schneiden. Möhren putzen, schälen, waschen und in dünne Scheiben schneiden.

2 Kabeljaufilet waschen, trocken tupfen und in 4 Stücke schneiden. Mit Zitronensaft beträufeln und mit Salz und Pfeffer würzen.

3 Gemüse in den Römertopf geben und mit Salz und Pfeffer würzen. Die Hälfte der Crème fraîche darauf verteilen. Fischstücke darauflegen. Restliche Crème fraîche, Senf und Honig verrühren. Dill abbrausen, trocken tupfen, Spitzen abzupfen und hacken. Mit der Senfcreme verrühren und auf dem Fisch verteilen. Zugedeckt bei 220° (Umluft 200°) 70 Min. garen. 10 Min. vor Garzeitende Deckel abnehmen und offen fertig garen. Dazu schmeckt Reis besonders gut.

schön saftig | fein-würzig

Lachs auf Tomatensauce

1 große Zwiebel
2 Knoblauchzehen
½ Bund Petersilie
50 g grüne Oliven (mit Paprikafüllung)
1 große Dose Tomaten (800 g Füllgewicht)
2 EL Tomatenmark
4 EL Olivenöl
Salz | Pfeffer | Zucker
4 Lachskoteletts (à ca. 200 g)

Für 4 Personen
20 Min. Zubereitung | 50 Min. Garen
Pro Portion ca. 570 kcal, 43 g EW, 40 F, 9 g KH

1 Römertopf wässern. Zwiebel und Knoblauch schälen, beides fein würfeln. Petersilie waschen, trocken tupfen, Blättchen abzupfen und hacken. Oliven in Scheiben schneiden.

2 Tomaten samt Saft, Tomatenmark und 3 EL Öl verrühren, dabei die Tomaten etwas zerkleinern. Zwiebel, Knoblauch, Petersilie und Oliven unterrühren und mit Salz, Pfeffer und Zucker würzen.

3 Lachskoteletts waschen, trocken tupfen, mit Salz und Pfeffer würzen und mit 1 EL Öl bestreichen. Tomatensoße in den Römertopf geben und die Koteletts darauf verteilen. Zugedeckt bei 220° (Umluft 200°) 50 Min. garen. Dazu schmeckt Reis.

für Gäste | gelingt leicht

Kräuterforellen mit Speck

100 g durchwachsener Speck
1 Bund Frühlingszwiebeln
50 g Butter
je 1 Bund Petersilie und Dill
4 küchenfertige Forellen (à ca. 350 g)
Salz | Pfeffer
½ Bio-Zitrone | 1 Lorbeerblatt

Für 4 Personen
25 Min. Zubereitung | 1 Std. Garen
Pro Portion ca. 480 kcal, 45 g EW, 33 F, 2 g KH

1 Römertopf wässern. Speck fein würfeln. Frühlingszwiebeln putzen, waschen und in kleine Ringe schneiden. Butter in einer Pfanne erhitzen und den Speck darin knusprig auslassen. Zwiebeln zugeben, kurz mitdünsten und vom Herd nehmen.

2 Kräuter waschen und trocken tupfen Forellen innen und außen waschen und trocken tupfen. Innen und außen mit Salz und Pfeffer würzen. Die Hälfte der Petersilie und den gesamten Dill in den Bauchhöhlen der Fische verteilen. Fische in den Römertopf legen.

3 Zitrone waschen, in dünne Scheiben schneiden und zwischen den Fischen verteilen. Restliche Petersilie im Topf verteilen und die Speckmischung auf die Fische geben. 50 ml Wasser in der Speckpfanne schwenken und zu den Fischen gießen. Lorbeerblatt zugeben und alles zugedeckt bei 220° (Umluft 200°) 70 Min. garen. 10 Min. vor Garzeitende Deckel abnehmen und offen fertig garen. Dazu schmecken Salzkartoffeln und Gurkensalat.

exotisch angehaucht

Thunfischragout

2 grüne Paprikaschoten
1 rote Zwiebel | 1 Knoblauchzehe
1 rote Chilischote
500 g Thunfischfilet
2 EL frisch gepresster Limettensaft
1 TL getrockneter Oregano
Salz | Pfeffer | 4 EL Öl
150 ml Fischfond oder Gemüsebrühe
1 Dose Kidney-Bohnen (ca. 425 g Füllgewicht)
1 Babyananas
2 EL gehackter Koriander oder Petersilie

Für 4–6 Personen
⏱ 15 Min. Zubereitung | 1 Std. Garen
Bei 6 Personen pro Portion ca. 520 kcal,
35 g EW, 20 F, 48 g KH

1 Römertopf wässern. Paprika vierteln, putzen,
waschen und in dünne Streifen schneiden. Zwiebel
und Knoblauch schälen. Zwiebel in Ringe, Knoblauch in Würfel schneiden. Chilischote putzen,
waschen, fein schneiden. Fisch waschen, trocken
tupfen und würfeln.

2 Limettensaft, Knoblauch, Oregano, Salz, Pfeffer
und Öl verrühren. Vorbereitete Zutaten in den
Römertopf geben. Fond oder Brühe zugießen.
Zugedeckt bei 225° (Umluft 200°) 1 Std. garen. Bohnen in ein Sieb abgießen, abspülen und abtropfen
lassen. Ananas schälen, vierteln, den Strunk entfernen, das Fruchtfleisch in Stücke schneiden.

3 Bohnen und Ananas 10 Min. vor Garzeitende
unterheben und offen fertig garen. Fischragout salzen und pfeffern und mit Koriander bestreuen.

herzhaft | rustikal

Fisch-Meerrettich-Topf

600 g Fenchel
1 großer rotschaliger Apfel
1 Bund Frühlingszwiebeln
Saft von ½ Zitrone
800 g vorwiegend festkochende Kartoffeln
2–3 EL Meerrettich (Glas)
150 g Sahne | Salz
600 g Fischfilet (z. B. Rotbarsch)
½ Bund Schnittlauch

Für 4 Personen
⏱ 45 Min. Zubereitung | 75 Min. Garen
Pro Portion ca. 495 kcal, 36 g EW, 16 F, 38 g KH

1 Römertopf wässern. Fenchel putzen, waschen
und grob raspeln. Apfel waschen, vierteln, Kerngehäuse entfernen und das Fruchtfleisch ebenfalls
raspeln. Frühlingszwiebeln putzen, waschen und in
Ringe schneiden. Alles mit Zitronensaft beträufeln.

2 Kartoffeln schälen, waschen und in sehr dünne
Scheiben schneiden. Meerrettich und Sahne verrühren, kräftig mit Salz würzen. Fischfilet waschen,
trocken tupfen und in grobe Stücke schneiden.

3 Gemüse ausdrücken. Kartoffeln, Gemüse und
Fisch abwechselnd dünn in den Topf schichten.
Dabei immer salzen und die Hälfte der Meerrettich-
sahne zwischen den Schichten verteilen. Die letzte
Schicht sollen Kartoffeln und Meerrettichsahne sein.

4 Zugedeckt bei 220° (Umluft 200°) 75 Min. garen.
15 Min. vor Garzeitende den Deckel abnehmen und
offen fertig garen. Schnittlauch waschen, trocken
schütteln, in Röllchen schneiden und über den Auflauf streuen.

oben: Thunfischragout | unten: Fisch-Meerrettich-Topf

für Freunde | aromatisch

Wirsing-Lachs-Lasagne

Kräftiger Kohl und aromatisches Lachsfilet saftig gegart in einer cremigen Dillsauce – diese aparte Kombination überzeugt jeden kleinen und großen Fischmuffel!

8–10 Wirsingblätter (ca. 250 g)
Salz
1 Zwiebel
50 g Butter
50 g Mehl
300 ml Gemüsebrühe
300 ml Milch
abgeriebene Schale und Saft
von ½ Bio-Zitrone
500 g Lachsfilet
1 Bund Dill
7–8 Lasagneblätter (ohne Vorkochen)

Für 4 Personen
30 Min. Zubereitung | 65 Min. Garen
Pro Portion ca. 580 kcal, 35 g EW, 15 F, 53 g KH

1 Römertopf wässern. Wirsingblätter putzen und waschen. In reichlich kochendem Salzwasser 5 Min. garen. In ein Sieb abgießen, mit kaltem Wasser abschrecken und abtropfen lassen. Dicke Blattrippen mit einer Küchenschere oder einem scharfen Messer flacher schneiden.

2 Zwiebel schälen und in feine Würfel schneiden. Butter in einem Topf erhitzen, Zwiebel darin kurz andünsten. Mehl unter Rühren einstreuen und kurz anschwitzen lassen. Unter Rühren Brühe und Milch langsam zugießen. Zitronenschale unterrühren. Unter Rühren bei mittlerer Hitze aufkochen und 5 Min. köcheln lassen.

3 Lachs waschen, trocken tupfen und in Würfel schneiden. Dill abbrausen, trocken tupfen, Spitzen abzupfen und hacken. Dill in die fertige Sauce rühren und vom Herd nehmen.

4 Etwas Sauce in den Römertopf geben und 2 Wirsingblätter überlappend darauflegen. Einige Lachswürfel darauf verteilen, dabei mit Salz, Pfeffer und Zitronensaft würzen. Mit einigen Lasagneblättern belegen. Wieder etwas Sauce darauf verteilen. So fortfahren, bis alle Zutaten verbraucht sind. Die letzte Schicht sollen Lasagneblätter und Sauce sein. Zugedeckt bei 220° (Umluft 200°) 65 Min. backen. 5 Min. vor Garzeitende Deckel abnehmen und offen fertig garen.

GUT ZU WISSEN
Wenn Sie gerne Fisch essen, sollten Sie sich einen Fischrömertopf anschaffen. Darin haben auch ganze Fische ausreichend Platz, und der Geruch, den die Tonporen auf Dauer annehmen, stört nicht bei der Zubereitung anderer Speisen.

Süßes

Hefeteig, süße Aufläufe, Kuchen und Desserts gelingen im Römertopf besonders saftig. Zum Mittagessen schmecken Cranberry-Buchteln und Apfelauflauf. Oder verwöhnen Sie Ihre Gäste mit einem selbst gebackenen Nusskuchen und köstlichen Brataäpfeln zum Nachmittagskaffee.

Mohn-Semmelauflauf

4 Brötchen (à ca. 60 g)
500 g rotschalige mittelgroße Äpfel
Saft von ½ Zitrone
4 Eier (Größe M)
½ l Milch
3 EL Zucker
250 g Mohn Fix (backfertige Mohnfüllung)
30 g Butter

Für 4 Personen
⊚ 30 Min. Zubereitung | 1 Std. Garen
Pro Portion ca. 670 kcal, 21 g EW, 27 F, 79 g KH

1 Römertopf wässern. Brötchen in dünne Scheiben schneiden. Äpfel waschen, abtrocknen und vorsichtig mit einem Apfelausstecher entkernen. Äpfel quer in dünne Scheiben schneiden und mit Zitronensaft beträufeln. Eier, Milch und Zucker verquirlen. Die Hälfte der Eiermilch mit der Mohnmasse glatt verrühren.

2 Römertopf mit Brötchenscheiben auslegen, je eine Schicht Apfel- und Brötchenscheiben darauf verteilen. Mit der Mohnmilch begießen. Restliche Brötchen- und Apfelscheiben dachziegelartig darauf schichten. Mit der Eiermilch begießen, vorsichtig festdrücken. Butter in Stückchen darauf verteilen. Zugedeckt bei 220° (Umluft 200°) 1 Std. garen. Nach 50 Min. den Deckel entfernen und offen fertig garen. Dazu schmeckt Vanilleeis.

UND DAZU?

Köstlich ist eine Vanillesauce. Dafür ¼ l Milch, 1 TL Speisestärke, 1 Eigelb, 1 Prise Salz und 2 EL Zucker verrühren. 1 Vanilleschote längs aufschlitzen und das Mark herauskratzen. Vanilleschote und -mark und ¼ l Milch aufkochen. Schote entfernen. Vanillemilch aufkochen und die Stärkemischung zügig einrühren. Unter Rühren aufkochen und 2 Min. köcheln lassen. Vom Herd nehmen. Die Sauce mit etwas Zitronensaft abschmecken.

Cranberry-Buchteln

Die luftig gebackenen Hefeklöße schmecken allen Naschkatzen. Heiß aus dem Backofen sind sie als süßes Mittagessen ein Genuss, aber auch als ein Dessert für acht Personen.

1 kleiner Apfel (ca. 130 g)
1 TL frisch gepresster Zitronensaft
50 g getrocknete Cranberrys
350 g Mehl | Salz
1 Päckchen Trockenhefe
50 g Zucker
1 Päckchen Vanillezucker
75 g Butter | ⅛ l Milch
Butter für den Topf

Für 4 Personen | ⌛ 30 Min. Zubereitung
1 Std. Gehen | 50 Min. Backen
Pro Portion ca. 600 kcal, 13 g EW, 20 F, 90 g KH

1 Apfel schälen, vierteln, das Kerngehäuse entfernen. Fruchtfleisch in sehr feine Würfel schneiden. Mit Zitronensaft beträufeln. Cranberrys hacken.

2 Mehl, 1 Prise Salz, Hefe, Zucker und Vanillezucker in einer Schüssel mischen. 50 g Butter in einem Töpfchen schmelzen lassen, Milch zugießen und lauwarm erwärmen. Lauwarme Milch-Butter-Mischung zur Mehlmischung geben und zügig verkneten. Apfelwürfelchen und Cranberrys unterkneten. Teig zugedeckt an einem warmen Ort 1 Std. gehen lassen.

3 Römertopf wässern. Teig noch mal durchkneten und zu 8 gleich großen Kugeln formen. Römertopf fetten und die Teigkugeln hineinsetzen. Zugedeckt bei 220° (Umluft 200°) 50 Min. backen. 10 Min. vor Garzeitende Deckel entfernen und restliche Butter in Stückchen auf den Buchteln verteilen. Buchteln offen fertig backen. Dazu schmeckt besonders gut eine Vanillesauce (s. S. 55).

für kalte Tage | preiswert

Marzipan-Bratäpfel

4 große rotschalige Äpfel (à ca. 250 g) | 120 g
Marzipan-Rohmasse | 30 g gehackte Mandeln |
1–2 EL Obstbrand (z. B. Birne oder Pflaume
oder Orangensaft) | 1 Msp. Zimtpulver |
2 EL Butter

Für 4 Personen
🕙 10 Min. Zubereitung | 40 Min. Garen
Pro Portion ca. 290 kcal, 3 g EW, 13 F, 37 g KH

1 Römertopf wässern. Äpfel waschen, abtrocknen,
in der Mitte mit einem Apfelausstecher nicht ganz
durchstechen. Kerngehäuse vorsichtig entfernen.

2 Marzipan, Mandeln, Obstbrand und Zimt verkneten und die Masse in den Äpfeln verteilen. Äpfel in
den Römertopf (z. B. Portionsförmchen verwenden)
setzen und Butter in Stückchen daraufsetzen. Zugedeckt bei 220° (Umluft 200°) 40 Min. backen. Dazu
schmeckt Vanillesauce (s. S. 55).

superschnell | besonders

Gebackene Bananen

50 g weiche Butter | abgeriebene Schale von
½ Bio-Zitrone | 75 g Haselnusskerne |
4 Bananen (à ca. 130 g) | 4 EL Ahornsirup

Für 4 Personen
🕙 10 Min. Zubereitung | 30 Min. Garen
Pro Portion ca. 320 kcal, 3 g EW, 22 F, 27 g KH

1 Römertopf wässern. Butter und Zitronenschale
glatt verkneten. Haselnüsse hacken und in einer
beschichteten Pfanne ohne Fett goldbraun rösten,
vom Herd nehmen.

2 Bananen schälen und in den Römertopf (z. B.
Bananenbräter) legen. Mit der Zitronenbutter
bestreichen. Zugedeckt bei 220° (Umluft 200°)
30 Min. backen. 5 Min. vor Backzeitende Deckel
entfernen, die Bananen mit der zerlassenen Zitronenbutter beschöpfen und offen fertig backen. Heiße Bananen mit Ahornsirup und gerösteten Haselnüssen anrichten. Dazu schmeckt Vanilleeis.

mag Groß und Klein

Zimt-Mandel-Brot

500 g Mehl | 1 Päckchen Trockenhefe
50 g Zucker | Salz
150 g Butter | 150 ml Milch
2 Eier (Größe M)
100 g gehackte Mandeln
3 EL Honig | 1 TL Zimtpulver
Mehl zum Arbeiten | Fett für die Form

Für ca. 20 Scheiben | ⏲ 45 Min. Zubereitung
1 Std. Gehen | 45 Min. Backen
Pro Portion ca. 210 kcal, 5 g EW, 11 F, 23 g KH

1 Mehl, Hefe, Zucker und 1 Prise Salz in einer
Schüssel mischen. 50 g Butter schmelzen, Milch
zugießen und lauwarm erwärmen. Milchmischung
und Eier zur Mehlmischung geben und alles zügig
verkneten. Teig zugedeckt an einem warmen Ort
1 Std. gehen lassen. Römertopf inzwischen ohne
Deckel in lauwarmem Wasser wässern.

2 Mandeln in einer Pfanne ohne Fett unter Rühren
goldbraun rösten. Vom Herd nehmen, 100 g Butter
zugeben und schmelzen lassen. Honig und Zimt
unterrühren.

3 Teig halbieren. Beide Hälften auf einer be-
mehlten Arbeitsfläche jeweils zu einem Rechteck
(ca. 25 x 40 cm) ausrollen. Mandelmasse darauf
verteilen. Teigstücke jeweils von der kurzen Seite
dreimal umklappen, sodass eine flache Rolle von
ca. 25 x 12 cm entsteht. Rollen übereinander, mit
der Naht nach unten in den gefetteten Römertopf
legen, dabei die untere Rolle mit etwas Wasser
befeuchten. Offen bei 180° (unten, Umluft 160 °)
1 Std. backen.

gelingt leicht | supersaftig

Nusskuchen mit Kürbis

300 g geputztes Kürbisfruchtfleisch
(z. B. Hokkaido)
6 Eier (Größe M)
300 g feiner Rohrzucker
300 g gemahlene Haselnüsse
abgeriebene Schale von ½ Bio-Orange
80 g Dinkelmehl (Type 630)
1 TL Backpulver
1 TL gemahlener Kardamom
3 EL brauner Rum oder Orangensaft
120 g Puderzucker
4 TL frisch gepresster Zitronensaft
ca. 30 ungeschälte Mandelkerne
Butter für die Form

Für 16 Stücke
⏲ 45 Min. Zubereitung | 70 Min. Backen
Pro Portion ca. 315 kcal, 7 g EW, 17 F, 33 g KH

1 Römertopf wässern. Kürbis grob raspeln. Eier
trennen. Eigelbe und Zucker ca. 5 Min. cremig
schlagen. Nüsse und Orangenschale unterheben.
Mehl, Backpulver und Kardamom mischen und
unterheben. Rum oder Saft unterrühren. Eiweiß
steif schlagen und sorgfältig unterheben.

2 Römertopf fetten und Teig einfüllen. Zugedeckt
bei 220° (Umluft 200°) 1 Std. 10 Min. backen. Nach
1 Std. Deckel abnehmen, Ofen ausschalten und
Kuchen offen fertig backen. 15 Min. abkühlen lassen, vorsichtig mit dem Messer am Formenrand
lösen und stürzen. Auskühlen lassen. Puderzucker
und Zitronensaft zu einem Guss verrühren. Auf den
Kuchen streichen und mit Mandeln belegen. Den
Guss fest werden lassen.

oben: Zimt-Mandel-Brot | unten: Nusskuchen mit Kürbis

Zum Gebrauch

Damit Sie Rezepte mit bestimmten Zutaten noch schneller finden können, stehen in diesem Register zusätzlich auch beliebte Zutaten wie **Kartoffeln, Möhren** oder **Frühlingszwiebeln** – ebenfalls alphabetisch geordnet und **hervorgehoben** – über den entsprechenden Rezepten.

Unsere Garantie

Alle Informationen in diesem Ratgeber sind sorgfältig und gewissenhaft geprüft. Sollte dennoch einmal ein Fehler enthalten sein, schicken Sie uns das Buch mit dem entsprechenden Hinweis an unseren Leserservice zurück. Wir tauschen Ihnen den GU-Ratgeber gegen einen anderen zum gleichen oder ähnlichen Thema um.

Liebe Leserin und lieber Leser,

wir freuen uns, dass Sie sich für ein GU-Buch entschieden haben. Mit Ihrem Kauf setzen Sie auf die Qualität, Kompetenz und Aktualität unserer Ratgeber. Dafür sagen wir Danke! Wir wollen als führender Ratgeberverlag noch besser werden. Daher ist uns Ihre Meinung wichtig. Bitte senden Sie uns Ihre Anregungen, Ihre Kritik oder Ihr Lob zu unseren Büchern. Haben Sie Fragen oder benötigen Sie weiteren Rat zum Thema? Wir freuen uns auf Ihre Nachricht!

Wir sind für Sie da!
Montag–Donnerstag: 8.00–18.00 Uhr;
Freitag: 8.00–16.00 Uhr
Tel.: 0180-5005054*   *(0,14 €/Min. aus
Fax: 0180-5012054*   dem dt. Festnetz/
E-Mail: Mobilfunkpreise
                           maximal 0,42 €/Min.)
leserservice@graefe-und-unzer.de

P.S.: Wollen Sie noch mehr Aktuelles von GU wissen, dann abonnieren Sie doch unseren kostenlosen GU-Online-Newsletter und/oder unsere kostenlosen Kundenmagazine.

GRÄFE UND UNZER VERLAG
Leserservice
Postfach 86 03 13
81630 München

Projektleitung: Tanja Dusy
Lektorat: Regina Rautenberg
Korrektorat: Mischa Gallé
Layout, Typografie und Umschlaggestaltung: independent Medien-Design, Horst Moser, München
Satz: abavo GmbH, Buchloe
Herstellung: Claudia Labahn
Reproduktion: Wahl Media GmbH, München
Druck: Firmengruppe APPL, aprinta druck, Wemding
Bindung: Firmengruppe APPL, sellier druck, Freising

ISBN 978-3-8338-0955-2

Syndication:
www.jalag-syndication.de

2. Auflage 2011

Ein Unternehmen der
GANSKE VERLAGSGRUPPE

Die Autorin

Ira König ist leidenschaftliche Köchin und entwickelt am liebsten ihre eigenen Rezepte. Sie hat lange bei namhaften Food-Zeitschriften als Redakteurin gearbeitet. Heute ist sie als Food-Journalistin und Autorin erfolgreich (www.irakoenig.de). Bei GU sind bereits zahlreiche Titel von ihr erschienen, darunter »15-Minuten Single-Küche«, »Schnelles für Mutter und Kind« und »Einfach gut & supergünstig«.

Der Fotograf

Jörn Rynio zählt zu seinen Auftraggebern internationale Zeitschriften, namhafte Buchverlage und Werbeagenturen. Mit einer großen Portion Kreativität und appetitanregendem Styling setzt der Hamburger Fotograf alle Gerichte stimmungsvoll in Szene. Tatkräftig unterstützt wird er dabei von seinen Stylistinnen Petra Speckmann und Antje Grüner (Food) und Michaela Suchy (Requisite).

Bildnachweis

Titelfoto: Martina Görlach, München; alle anderen Jörn Rynio, Hamburg

Titelbildrezept:

Ratatouille-Topf (S. 9)

Die Temperaturangaben bei Gasherden variieren von Hersteller zu Hersteller. Welche Stufe Ihres Herdes der jeweils angegebenen Temperatur entspricht, entnehmen Sie bitte der Gebrauchsanweisung. Bei Elektroherden können die Backzeiten je nach Herd variieren.

Kochlust pur

Die neuen KüchenRatgeber – da steckt mehr drin

Von Crostini bis Toast Hawaii
ISBN 978-3-8338-0680-3
64 Seiten

Salate
ISBN 978-3-8338-0326-0
64 Seiten

Niedrig-temperaturgaren
ISBN 978-3-8338-0996-5
64 Seiten

Quiches
ISBN 978-3-8338-0677-3
64 Seiten

Kühlschrank-torten
ISBN 978-3-8338-1943-8
64 Seiten

Schnelle Brote
ISBN 978-3-8338-1759-5
64 Seiten

Änderungen und Irrtum vorbehalten

Das macht sie so besonders:

- Neue mmmh-Rezepte – unsere beste Auswahl für Sie
- Praktische Klappen – alle Infos auf einen Blick
- Die 10 GU-Erfolgstipps – so gelingt es garantiert

G|U

Willkommen im Leben.

Beilagen zum Römertopf

Gemüsereis (4 Personen) 1 Zwiebel schälen, würfeln und in einem Topf in 3 EL heißem Öl andünsten. 200 g Langkornreis zugeben und kurz mitdünsten. 600 ml Gemüsebrühe zugießen. Reis nach Packungsanweisung garen. 1 rote Paprikaschote vierteln, putzen, waschen, würfeln und mit 100 g TK-Erbsen zugeben, 5 Min. mitgaren. ½ Bund glatte Petersilie waschen, trocken tupfen, abzupfen und hacken. Unter den Reis heben. Passt z. B. zu den gefüllten Paprikaschoten, Chicorée und Forellen.

Pfannenpommes (4 Personen) 800 g Kartoffeln schälen, waschen und gut trocken tupfen. Kartoffeln in 1 cm große Würfel schneiden und mit 8 EL Öl und ½ TL edelsüßem Paprikapulver mischen. Kartoffeln in zwei Portionen in einer großen beschichteten Pfanne unter Wenden bei mittlerer Hitze 15–20 Min. gar braten. Mit Salz und Pfeffer würzen. Nach Belieben gehackte Kräuter kurz mitbraten. Lecker z. B. zu Steaktopf, Schnitzelauflauf, Hirschgulasch und Hackbraten.

Polenta (4 Personen) 1 Zwiebel schälen, fein würfeln und in einem Topf in 1 EL heißer Butter kurz andünsten. 1 l Fleisch- oder Gemüsebrühe zugießen und aufkochen. 250 g feinen Maisgrieß (Polenta) langsam unter Rühren mit dem Schneebesen einrieseln lassen. Bei schwacher Hitze ca. 8 Min. ausquellen lassen. Dabei regelmäßig umrühren. 2 EL Butter unterrühren und mit Salz und Pfeffer abschmecken. Schmeckt z. B. zu Hackbraten, Lammhaxen oder Hirschgulasch.